AF216122

Impressum
Verlag: BABADADA GmbH, Nedderfeld 112 , 22529 Hamburg
Geschäftsführer / Verlagsleitung: Harald Hof
Druck: Books on Demand GmbH, In de Tarpen 42, 22848 Norderstedt

Imprint
Publisher: BABADADA GmbH, Nedderfeld 112 , 22529 Hamburg, Germany
Managing Director / Publishing direction: Harald Hof
Print: Books on Demand GmbH, In de Tarpen 42, 22848 Norderstedt

school

ښوونځی

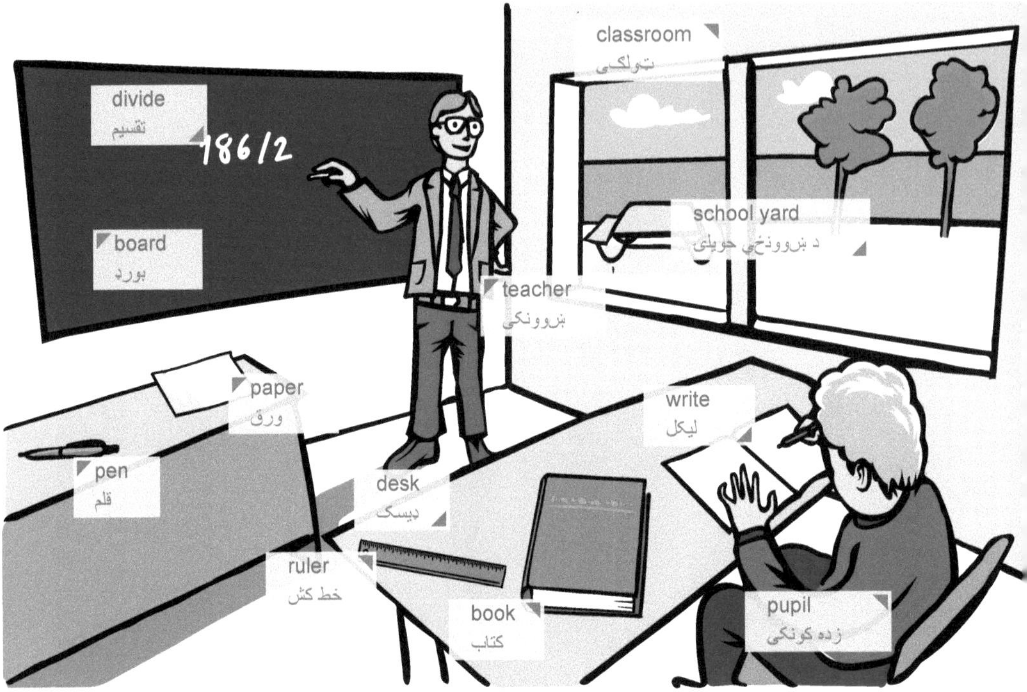

classroom
ټولګی
divide
تقسیم
186/2
board
بورډ
school yard
د ښوونځي حویلی
teacher
ښوونکی
paper
ورق
write
لیکل
pen
قلم
desk
ډیسک
ruler
خط کش
book
کتاب
pupil
زده کونکی

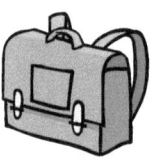

satchel
کڅوړه

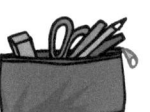

pencil case
د پنسل بکسه

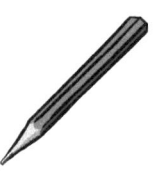

pencil
پنسل

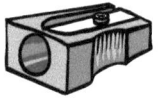

pencil sharpener
پنسل تراش

rubber
ربړ

drawing pad
د رسامۍ پاڼه

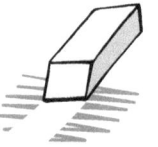

drawing

رسامي

paintbrush

د نقاشۍ برش

paint box

د نقاشۍ بکس

scissors

قیچي

glue

سریښ

exercise book

د تمرین کتاب

homework

کورنۍ دنده

12

number

شمیر

2+2

add

جمع

5-2

subtract

منفي

2×2

multiply

ضرب

calculate

حساب

A

letter

توری

ABCDEFG
HIJKLMN
OPQRSTU
VWXYZ

alphabet

الفبا

word

کلمه

text

متن

read

لوستل

chalk

تباشیر

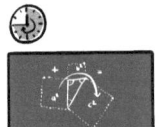

lesson

درس

register

راجستر

examination

ازموینه

certificate

تصدیق پاڼه

school uniform

د ښوونځي یونیفارم

education

تعلیم

encyclopedia

دایرة المعارف

university

پوهنتون

microscope

مایکروسکوپ

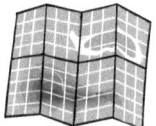

map

نقشه

waste-paper basket

اشغالدانی

hotel
هوتل

hostel
لیلیه

currency exchange office
د اسعارو د تبادلی دفتر

car
موټر

language

ژبه

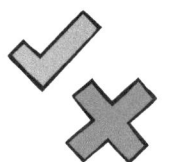

yes / no

هو / نه

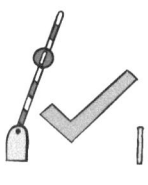

Okay

سمه ده

hello

سلام

translator

ژبارونکی

Thank you

مننه

how much is…?

څومره دي...؟

I don´t get it

زه نه پوهیږم

problem

ستونزه

Good evening!

ماښام مو پخیر!

Good morning!

سهار په خیر!

Good night!

شپه په خیر!

goodbye

په مخه مو ښه

direction

لارښود

luggage

سامان

bag

بیک

backpack

شاتنی بکس

guest

میلمه

room

خونه

sleeping bag

د خوب کڅوړه

tent

خیمه

tourist information

د توریزم معلومات

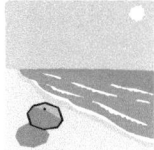

beach

ساحل

credit card

کریډیت کارت

breakfast

ناری

lunch

د غرمی خواړه

dinner

د شپی خواړه

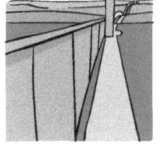

Ticket

ټیکټ

elevator

لفټ

stamp

ميل

border

پوله

customs

کمرک

embassy

سفارت

visa

ویزه

passport

پاسپورت

travel - سفر   7

transport

ټرانسپورټ

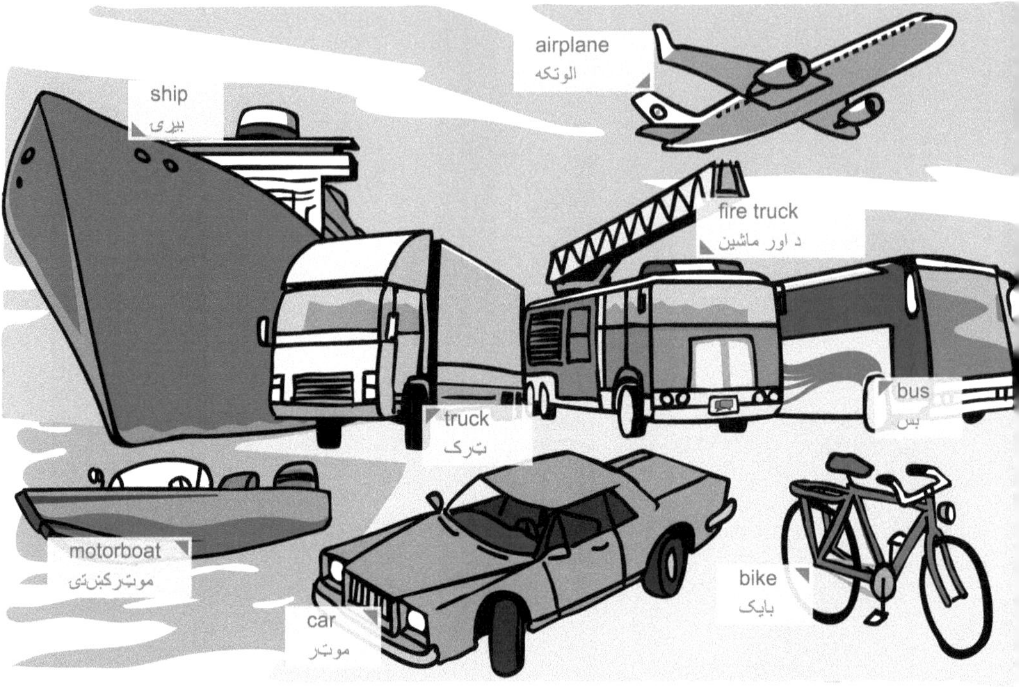
airplane
الوتکه
ship
بیړۍ
fire truck
د اور ماشین
truck
ټرک
bus
بس
motorboat
موټرکښتۍ
bike
بایک
car
موټر

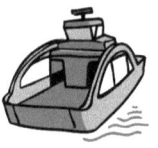

ferry

کښتۍ

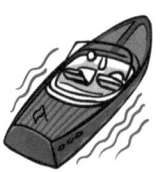

boat

کښتۍ

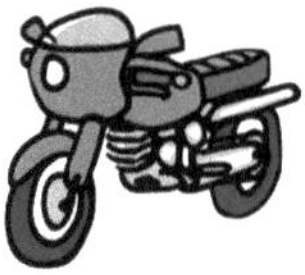

motorbike

موټرسایکل

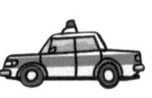

police car

د پولیسو موټر

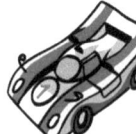

racing car

د ریس موټر

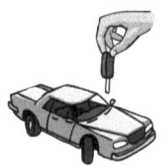

rental car

کرایی موټر

car sharing

د کرایه موټری

tow truck

جرثقيل لرونکی ټرک

garbage truck

ريفيوز ټرک

engine

موټر

fuel

سونګ توکي

fuel station

پټرول سټيشن

traffic sign

ټرافيکي نښه

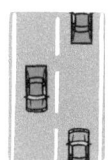

traffic

ټرافيک

traffic jam

جام ترافيک

parking lot

د موټرو ټمځای

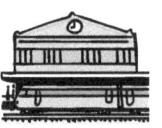

train station

د ريل سټيشن

tracks

پاټکي

train

ريل

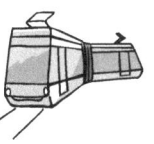

tram

ټرام

wagon

واګون

helicopter

چورلکه

airport

هوايي ډگر

tower

برج

passenger

مسافر

container

کانټينر

carton

کارتون

cart

کارت

basket

ټوکری

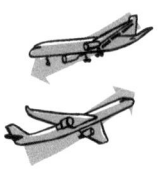

take off / land

الوتنه کول/کښېناستل

city

ښار

village

کلی

city center

د ښار مرکز

house

کور

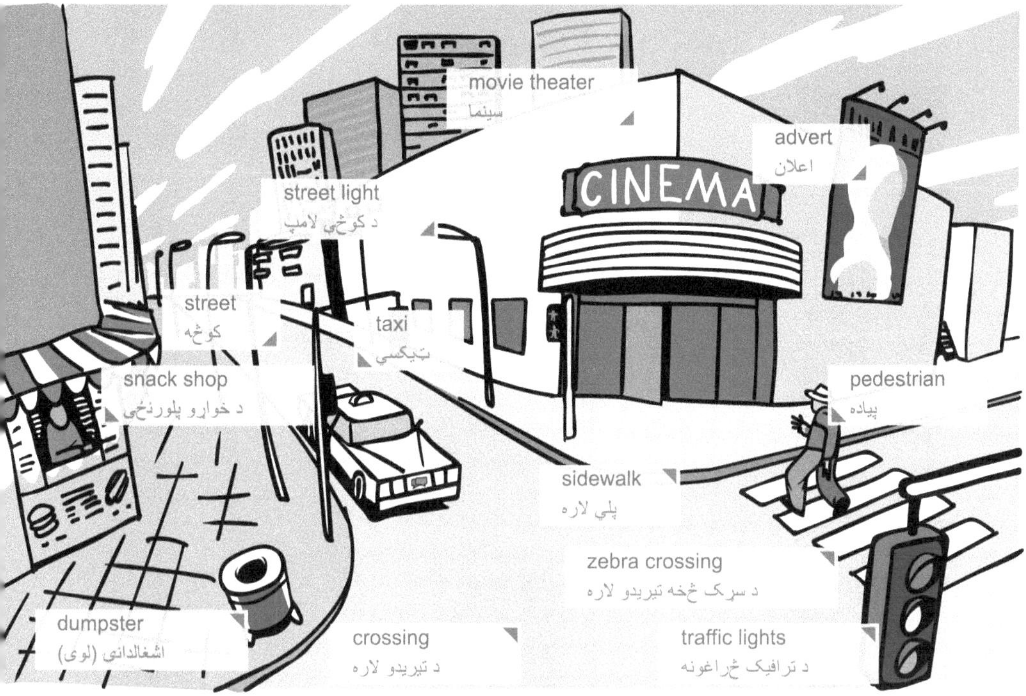

movie theater
سینما
CINEMA
advert
اعلان
street light
د کوڅې لامپ
street
کوڅه
taxi
ټیکسي
snack shop
د خوارو پلورنځی
pedestrian
پیاده
sidewalk
پلي لاره
zebra crossing
د سړک څخه تیریدو لاره
dumpster
اشغالدانی (لوی)
crossing
د تیریدو لاره
traffic lights
د ترافیک څراغونه

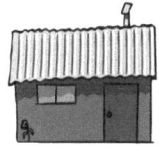

hut

کوډله

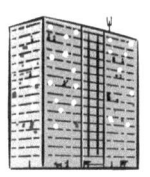

apartment

اپارتمان

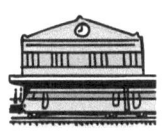

train station

د ریل سټېشن

city hall

ټاون هال

MUSEUM

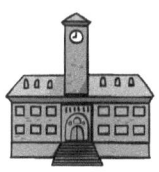

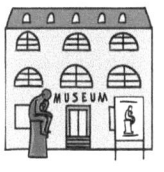

museum

میوزیم

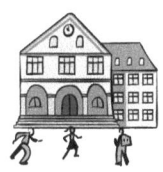

school

ښوونځی

university

پوهنتون

bank

بانک

hospital

روغتون

hotel

هوټل

pharmacy

درملتون

office

دفتر

book shop

کتاب پلورنځی

shop

پلورنځی

flower shop

د گلانو پلورنځی

supermarket

لوی پلورنځی

market

مارکیټ

department store

د ډیپارټمنټ سټور

fishmonger's shop

کب پلورنځی

mall

د پلور مرکز

harbor

لنگرتون

park

پارک

bench

بېنچ

bridge

پل

stairs

زینه

subway

د ځمکی لاندی

tunnel

تونل

bus stop

بس تمځای

bar

بار

restaurant

ریستورانت

postbox

پوست بکس

street sign

د کوڅی لښه

parking meter

د پارک کولو میتر

zoo

ژوبڼ

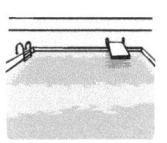

swimming pool

د لامبو حوض

mosque

مسجد

farm

کرونده

pollution

ناپاکي

cemetery

هدیره

church

چرچ

playground

د لوبو ډکر

temple

معبد/کلیسا

landscape

منظره

signpost
د لارښوونی نښه

path
لاره

meadow
چمن

stone
کانۍ

tree
ونه

hiker
هیکر

river
سیند

grass
واښه

flower
ګل

valley

درد

hill

غونډۍ

lake

ناور

forest

ځنګل

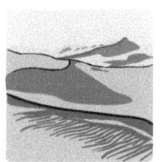

desert

دښته

volcano

اورشیندی

castle

کلا

rainbow

رنګین کمان

mushroom

مرخیړی

palm tree

پلم ونه

mosquito

ماشی

fly

الوزنک

ant

میږی

bee

مچۍ

spider

غوندک/جولا

beetle

كونكت

frog

چونكشره

squirrel

تولى

hedgehog

زيركى

hare

سوى

owl

كونك

bird

مرغى

swan

قازه

boar

نرخوك

deer

هوسى

moose

گاوزه

dam

بند

wind turbine

بادي توربين

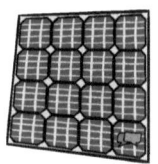

solar panel

سولر تختى

climate

اقليم

restaurant

ریسټورانټ

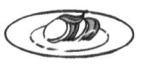

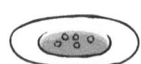

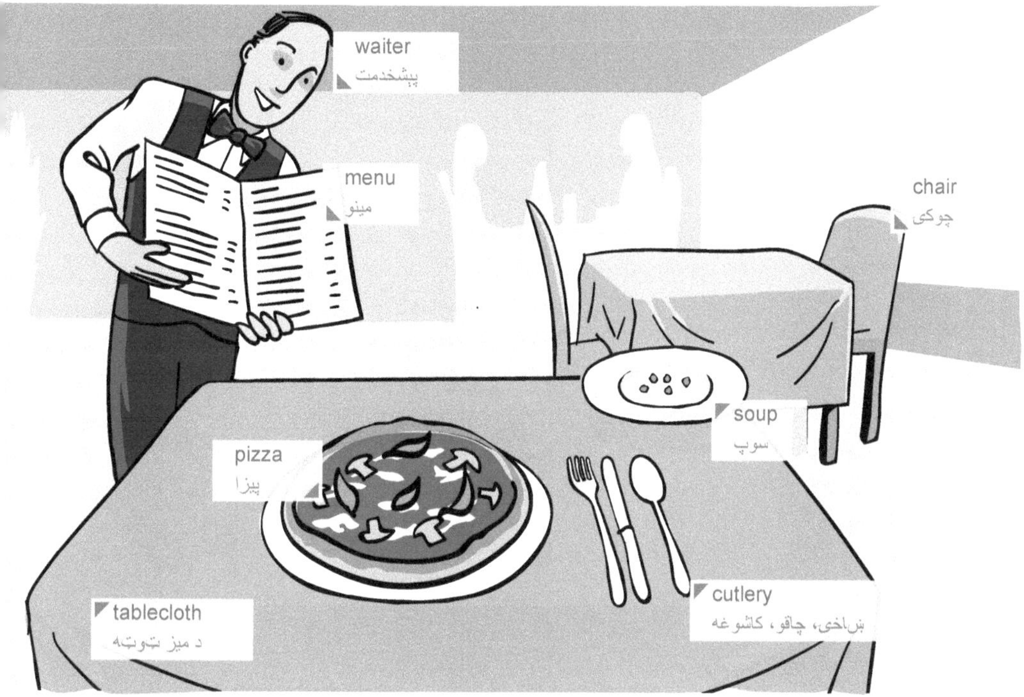
waiter
پیشخدمت
menu
مینو
chair
چوکۍ
soup
سوپ
pizza
پیزا
cutlery
ښاخې، چاقو، کاشوغه
tablecloth
د میز ټوټه

starter

سټارټر

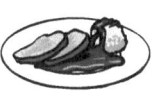

main course

اصلي خواړه

dessert

شیریني

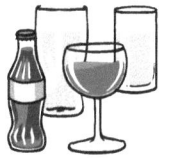

drinks

څښاک

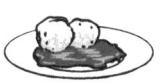

food

خواړه

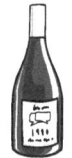

bottle

بوتل

fast food

فاست فود

street food

د کوڅی خواره

teapot

چای جوش

sugar bowl

قندانی

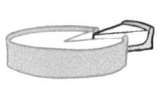

portion

برخه

espresso machine

اسپرسو مشین

high chair

لوړه چوکی

bill

رسید

tray

مجمه

knife

چاکو

fork

پنجه

spoon

قاشق

teaspoon

چای قاشق

serviette

سرویت

glass

ګلاس

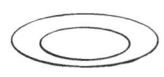

plate

پلیت

soup plate

د سوپ پلیت

saucer

نالبکی

sauce

ساس

salt shaker

مالګه شیندونکی

pepper mill

د مرچ ټکولو لوخی

vinegar

سرکه

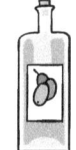

oil

غوري

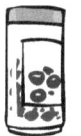

spices

مساله

ketchup

کچ اپ

mustard

شرشم

mayonnaise

چکه

supermarket
لوی پلورنځی

special offer
ځانګړی وړاندیز
FOR
customer
پیرودونکی
dairy products
لبنیات
fruit
میوه
shopping cart
لاسي ګاډی

BUTCHERS

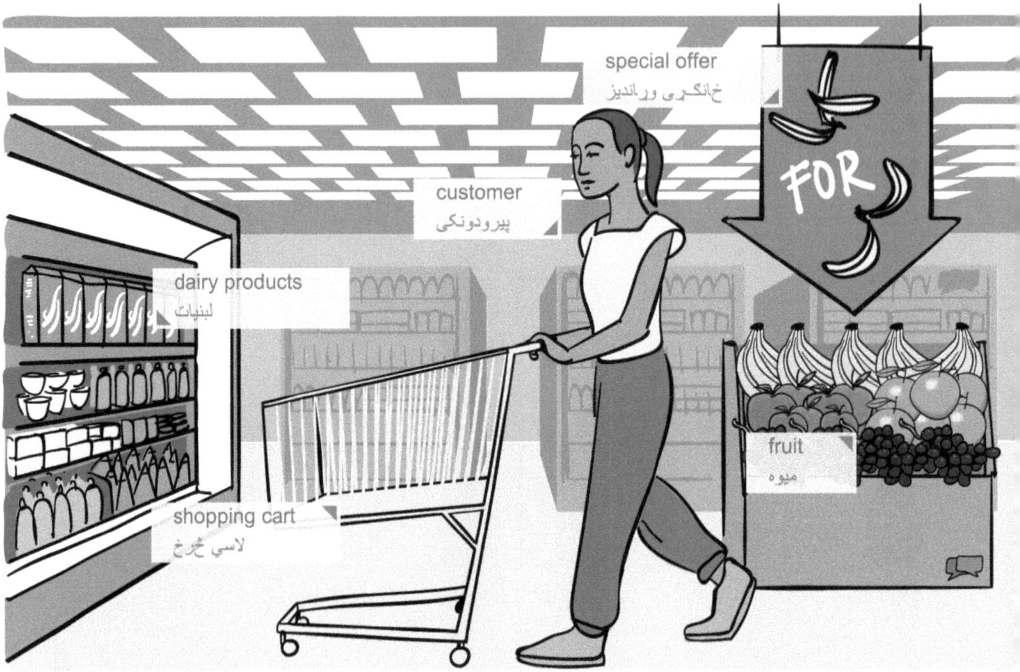

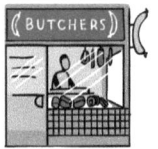

butcher's shop

قصابي

BAKERY

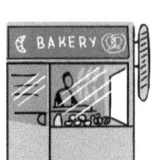

bakery

نانوایی

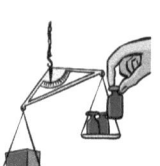

weigh

وزن کول

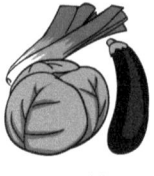

vegetables

سبزیجات

meat

غوښه

frozen food

کنګل خواړه

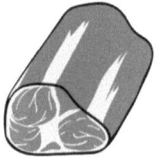

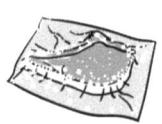

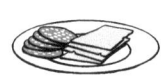

cold cuts

یخه غوښه

canned food

کنسروا خواره

detergent

د مینځلو پودر

candy

ثیریني

household products

کورنی تولیدات

cleaning products

د پاکولو محصولات

sales representative

د پلور فرد

cash register

د نغدي راجستر

cashier

صراف

shopping list

د پیرود لیست

opening hours

کاري ساعتونه

wallet

بټوه

credit card

کریدیت کارت

bag

کڅوړه

plastic bag

پلاستیک کڅوړه

water

اوبه

juice

جوس

milk

ثیده

coke

کوک

wine

واین

beer

بیر

alcohol

الکول

cocoa

ککاو

tea

چای

coffee

کافي

espresso

أسپرسو

cappuccino

کپچینو

banana

كيله

apple

منه

orange

نارنج

melon

هندوانه

lemon

ليمو

carrot

كازره

garlic

هوره

bamboo

بانكس

onion

پياز

mushroom

مرخيري

nuts

چغزی

noodles

اش

spaghetti

سپیګټي

rice

وریجی

salad

سلاد

fries

چیپس

fried potatoes

سره کړي کچالو

pizza

پیزا

hamburger

همبرګر

sandwich

ساندویچ

escalope

کتره

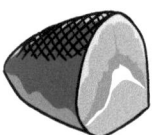

ham

د پتون غوښه

salami

سلمي

sausage

ساسچ

chicken

چرګ

roast

روسټ

fish

کب

porridge oats

د وريشي ثيرني

muesli

موسلي

cornflakes

د جوار پلی

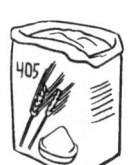

flour

اوړه

croissant

کروسانت

bread roll

د ډوډۍ رول

bread

ډوډۍ

toast

ټوسټ

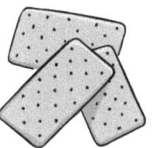

cookies

بسکیټ

butter

کوچ

curd

چکه

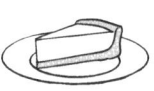

cake

کیک

egg

هګۍ

fried egg

پنړی هګۍ

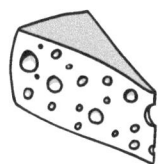

cheese

پنیر

ice cream

أيس كريم

sugar

بوره

honey

شهد

jelly

مربا

nougat cream

نوگات كريم

curry

كوركمان

farm

کرونده

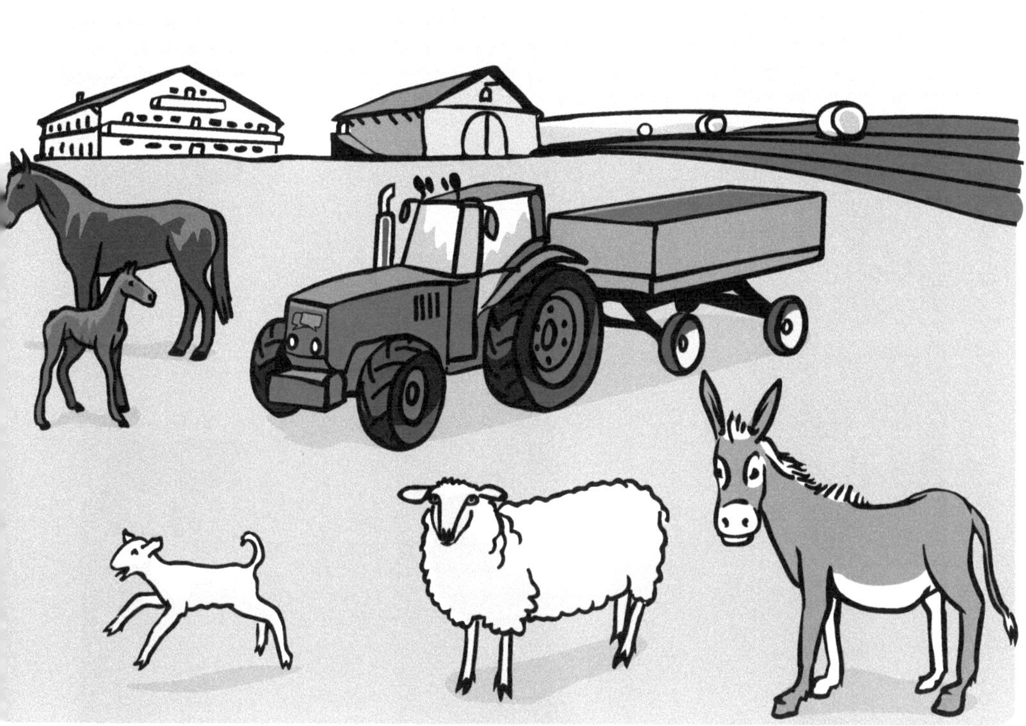

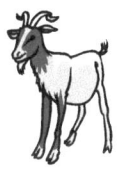

goat

وزه

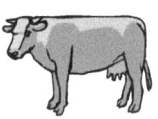

cow

غوا

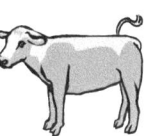

calf

خوسکی

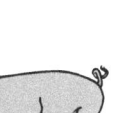

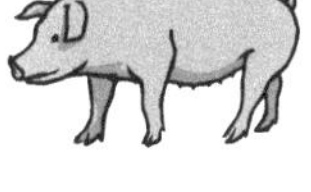

pig

خوک

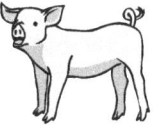

piglet

د خوک بچی

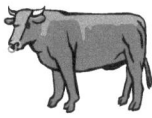

bull

غویی

goose

بتـه

duck

هيلۍ

chick

چرګوړی

hen

چرګـه

cockerel

بانګـی

rat

سارای موږک

cat

پيشک

mouse

موږک

ox

غوىی

dog

سپـی

dog house

د سپۍ خونه

garden hose

د باغ هوز

watering can

د اوبو لوخی

scythe

لور (داس)

plow

يوی

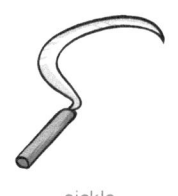

sickle

لور

hoe

رسمی

pitchfork

بتراخی

axe

تبر

pushcart

کراچی

trough

ناوه

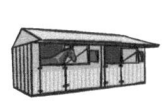

milk can

دَ شیدو لوخی

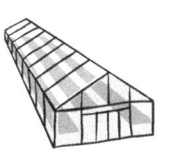

sack

جوال

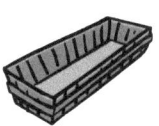

fence

کتاره

stable

مضبوط

greenhouse

ښنه خونه

soil

خاوره

seed

تخم

fertilizer

سره/کود

combine harvester

کد ریبونکی ماشین

harvest

زيرمه كول

harvest

درمند

yams

خواره كچالو

wheat

غنم

soya

سويا

potato

كچالو

corn

جوار

rapeseed

نباتي تخم

fruit tree

د ميوى ونه

manioc

مانيوک

grain

غله

house

کور

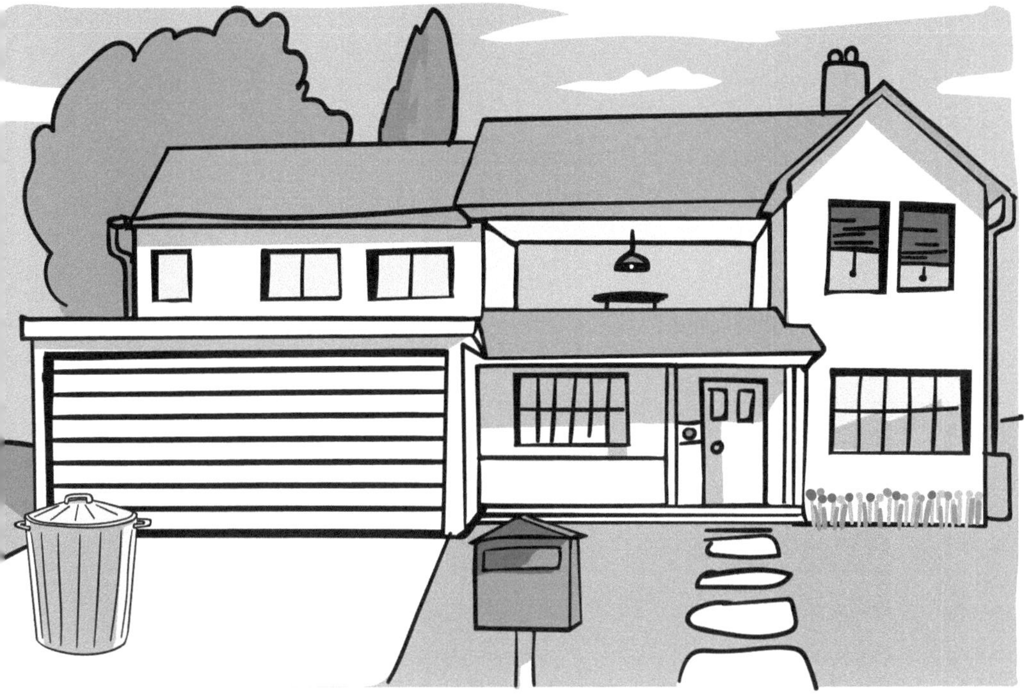

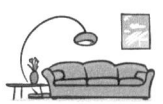

living room

د اوسیدو خونه

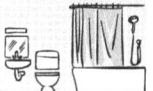

bathroom

حمام

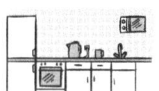

kitchen

پخلنځی

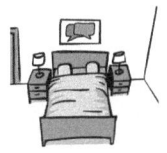

bedroom

د ویده کیدو خونه

kids room

د ماشوم خونه

dining room

د خواړو خونه

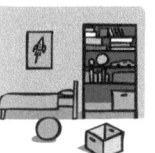

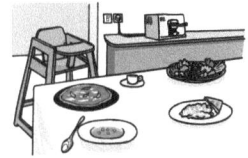

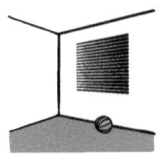

floor

فرش

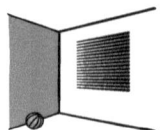

wall

دیوال

ceiling

چت

cellar

زیرخانه

sauna

سونا

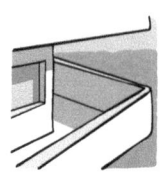

balcony

بالکونی

terrace

نتراس

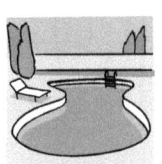

pool

حوض

lawn mower

د چمن وهلو ماشین

sheet

ثیت

bedspread

روجایی

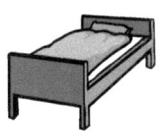

bed

تخت

broom

جارو

bucket

بوکه

switch

سویچ

living room
د اوسیدو خونه

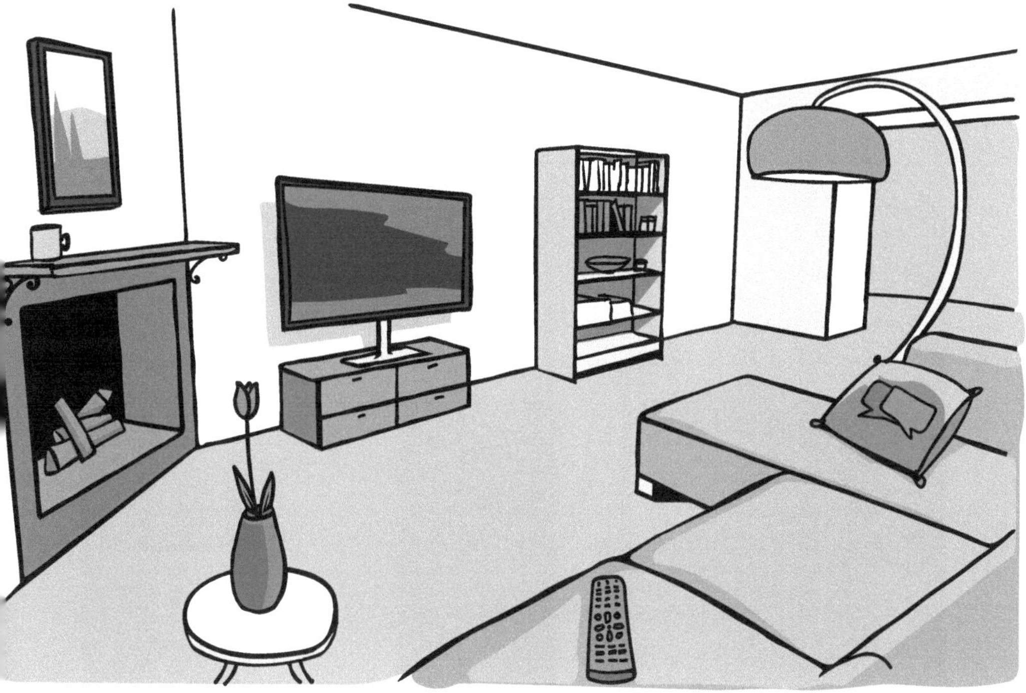

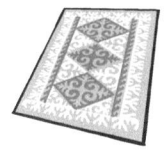

carpet

غالی

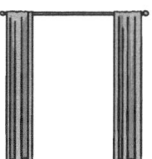

drape

پرده

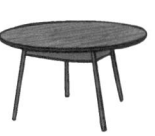

table

میز

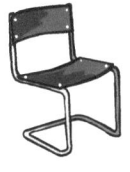

chair

چوکی

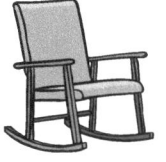

rocking chair

ناویدونکي چوکی

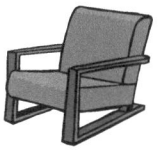

armchair

بازو لرونکی چوکی

book

كتاب

blanket

كمپل

decoration

ډيكوريشن

firewood

د اور لرګي

film

فلم

stereo system

هاى‌فاى

key

كلي

newspaper

ورځپاڼه

painting

نقاشي

poster

پوسټر

radio

راډيو

notebook

كتابچه

vacuum cleaner

واكيوم جارو

cactus

كاكټس

candle

شمع

kitchen
پخلنځی

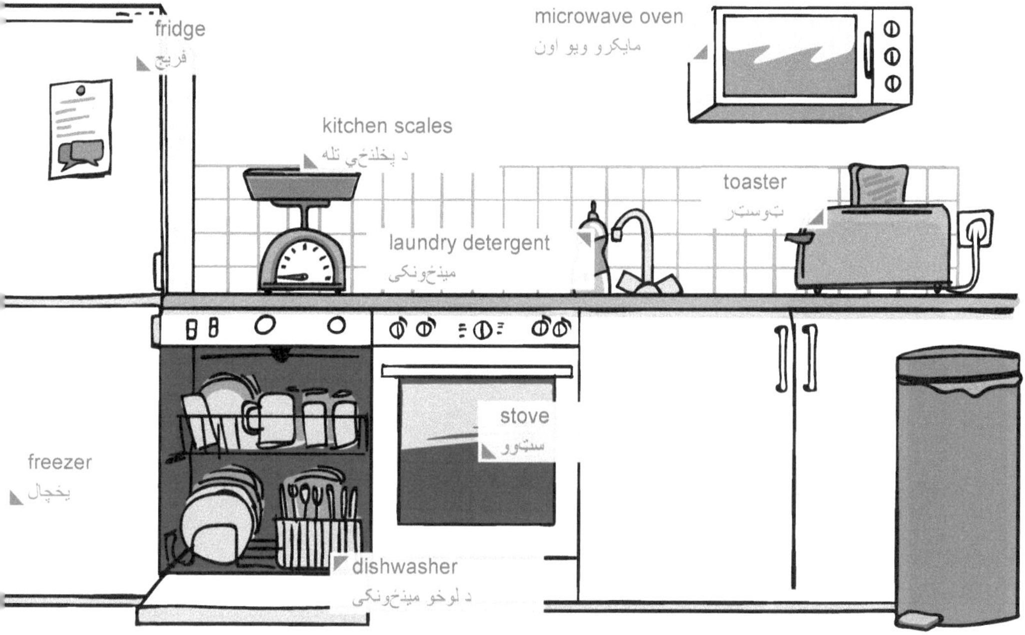

fridge
فریج
microwave oven
مایکرو ویو اون
kitchen scales
د پخلنځي تله
toaster
ټوستر
laundry detergent
مینځونکی
stove
سټوو
freezer
یخچال
dishwasher
د لوخو مینځونکی

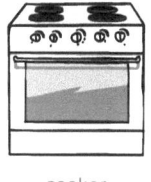

cooker
....
دیک بخار

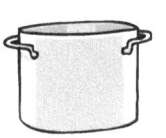

pot
....
لوخی

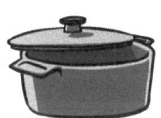

cast-iron pot
....
چدني لوخی

wok / kadai
....
ووک

pan
....
د تلي په

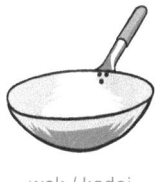

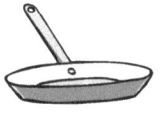

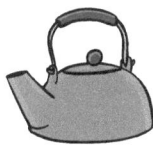

kettle
....
چای جوش

steamer

د بخار ديک

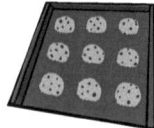

baking tray

پتنوس

crockery

لوخي

mug

مګ

bowl

كاسه

chopsticks

د رانيولو اوزار

ladle

څمڅی

spatula

كفګير

whisk

پاكونكی

strainer

صافي

sieve

غلبيل

grater

ګريټر

mortar

اونګ

barbecue

بار بی کيو

fireplace

خلاص اور

chopping board

تَخته

rolling pin

هوارونکی

corkscrew

کارک سکريو

can

تَيم

can opener

د تيم خلاصونکی

oven cloth

د لوخي تو ته

sink

ظرف شوی

brush

برس

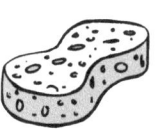

sponge

سپنج

blender

بليندر

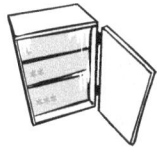

deep freezer

ژور يخچال

baby bottle

د ماشوم بوتل

tap

نل

bathroom

حمام

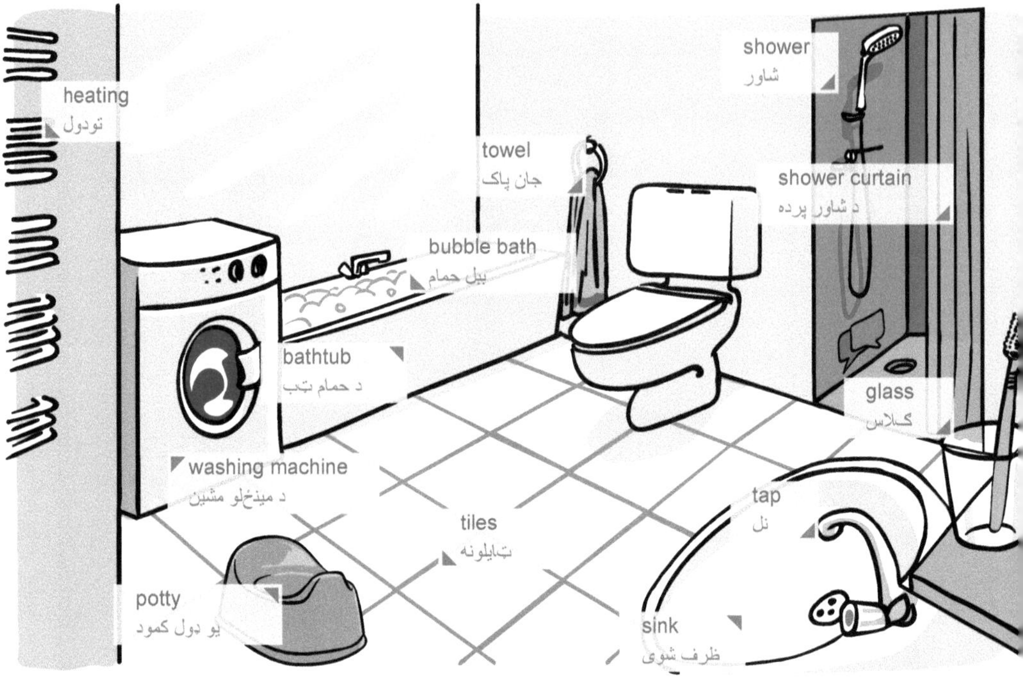

heating
تودول
towel
جان پاک
shower
شاور
shower curtain
د شاور پرده
bubble bath
ببل حمام
bathtub
د حمام ټب
glass
گیلاس
washing machine
د مینځلو مشین
tiles
ټایلونه
tap
نل
potty
یو دول کموډ
sink
ظرف شوی

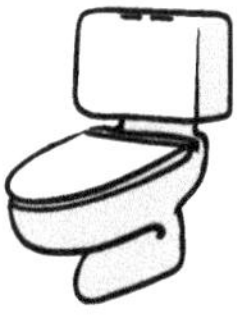

toilet
تشناب

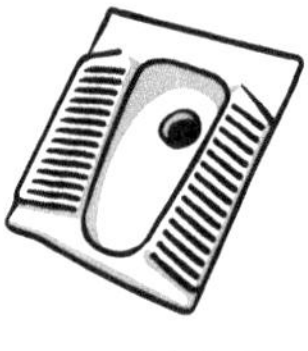

squat toilet
فرشي کمود

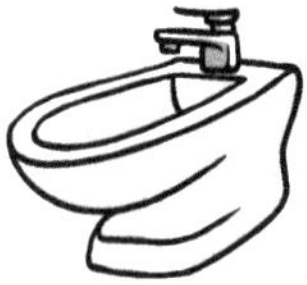

bidet
کمود

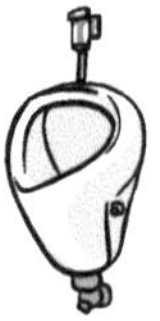

urinal
د متیازو ځای

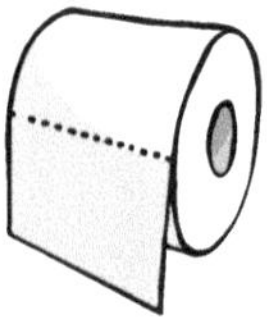

toilet paper
تشناب کاغذ

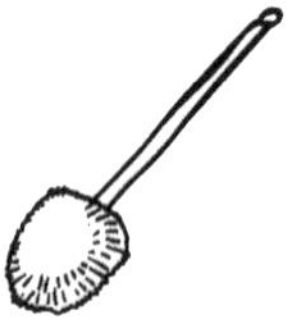

toilet brush
د تشناب برس

toothbrush

د غاښونو برس

toothpaste

د غاښونو کریم

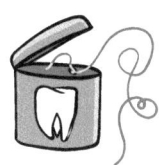

dental floss

د غاښونو تخ

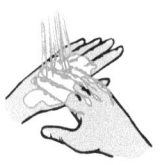

wash

مینځل

hand shower

لاسي شاور

douche

دوش

basin

خانک

back brush

د شا برس

soap

صابون

shower gel

د شاور ژل

shampoo

شامپو

flannel

فلانل جامه

drain

وچول

creme

کریم

deodorant

سپیری

mirror

اینه

hand mirror

لاسي اینه

razor

ریزر

shaving foam

د خریلو فوم

aftershave

د خریلو وروسته

comb

کمنځ

brush

برس

hair-dryer

د وېښتانو وچونکی

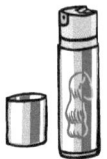

hairspray

د وېښتانو سپری

makeup

میک اپ

lipstick

لیپ ستیک

nail varnish

د نوکانو پالش

cotton wool

کاټن وری

nail scissors

ناخن گـیر

perfume

عطر

washbag

د مینځلو کڅوړه

stool

سټول

weighing scales

د وزن کولو تله

bathrobe

د حمام پوښاک

rubber gloves

د ربر دستکش

tampon

تامپون

sanitary towel

صحی جان پاک

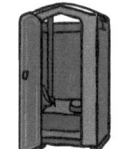

chemical toilet

کیمیکل تشناب

kids room

د ماشوم خونه

alarm clock
د الارم ساعت
cuddly toy
د لوبو وسایل
toy car
د ناڅکي موټر
rattle
ریټل
doll's house
د ناڅکو خونه
present
ډالۍ

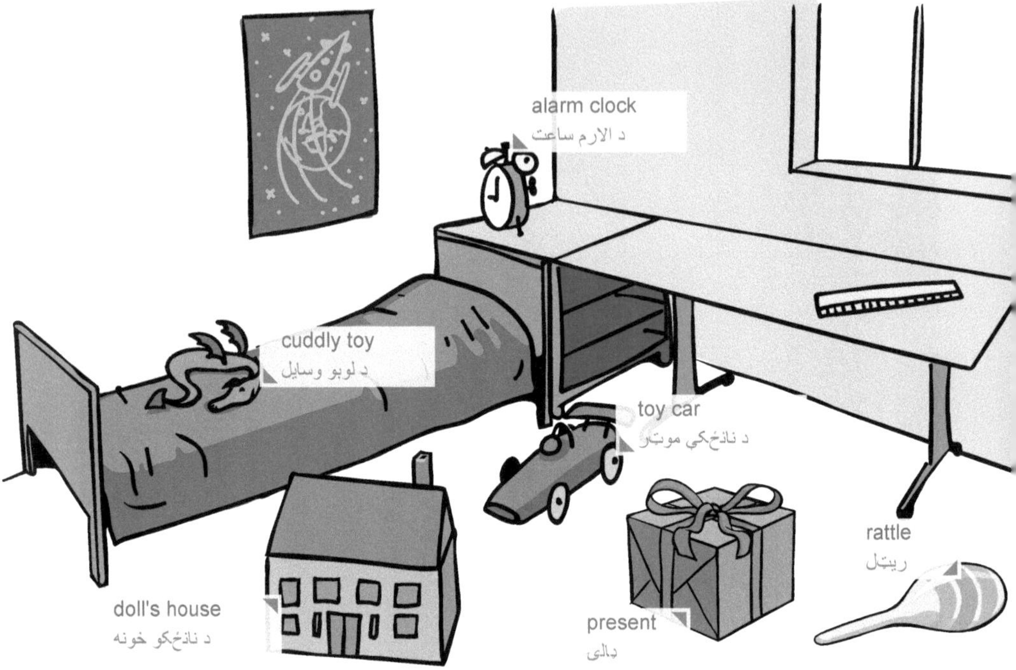

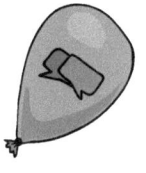

balloon

بالون

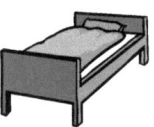

bed

تخت

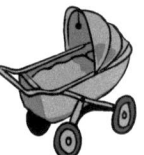

stroller

کالسکه

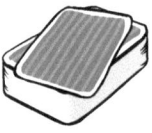

deck of cards

د لوبو ورقي

jigsaw

جیکسا

SUPER
MEGA

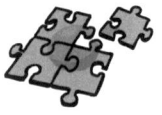

comic

مسخره

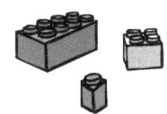

lego bricks

لیګو بریک

toy blocks

د نانځکو بلاک

action figure

د اکشن فیګور

romper suit

د ماشوم پوښناک

frisbee

فریزبی

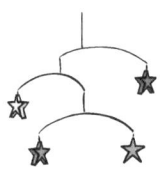

mobile

موبایل

board game

بورد لوبه

dice

ټاس

model train set

ماډل ریل سیټ

pacifier

کونکشی

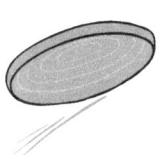

party

پارټي

picture book

د عکسونو البوم

ball

بال

doll

نانځکه

play

لوبیدل

sandpit

د شګو کنده

swing

سوبنګ

toys

ناندخکی

video game console

د وېډیو لوبو کنسول

tricycle

تر ای سایکل

teddy bear

ګوډنکه

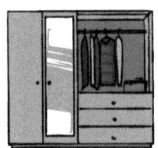

wardrobe

د کالو الماری

clothing

پوښاک

socks

جرابی

stockings

لوړی جرابی

tights

تاییتس

scarf
زروکی

belt
کمربند

umbrella
چترۍ

t-shirt
ټي شرټ

boots
بوټان

sneakers
سنيکر

slippers
سليپر

sandals

سپندل

shoes

بوتان

rubber boots

د ربړ بوتان

underwear

زيرنيکري

bra

سينه بند

undershirt

واسکټ

body

بادي

pants

پتلون

jeans

جينز

skirt

لمن

blouse

بلاوز

shirt

شرټ

pullover

بنيان

sweater

سويټر

blazer

بليزر

jacket

جاکټ

coat

کوټ

raincoat

د باران کوټ

costume

پوښاک

dress

کالي

wedding dress

د واده پوښاک

suit

دريشي

nightgown

د شپې پوښاک

pajamas

پاجامه

sari

ساري

headscarf

لوپټه

turban

پټکی

burka

برقه

kaftan

کفتن

abaya

عبا

swimsuit

د لامبو پوښاک

trunks

نیکر

shorts

شارټ

tracksuit

د ځغاستي پوښاک

apron

پیش بند

gloves

دستکش

button

بيتن

glasses

عينک

bracelet

لاس بند

necklace

غاړه کۍ

ring

ګوتمه

earring

غوږوالۍ

cap

خولۍ

coat hanger

کوټ بند

hat

خولۍ

tie

نتايي

zip

ځنځير

helmet

هيلميت

braces

تړونکی

school uniform

د ښوونخي يونيفارم

uniform

يونيفارم

bib

بيب

pacifier

کونکشی

diaper

نپي

office

دفتر

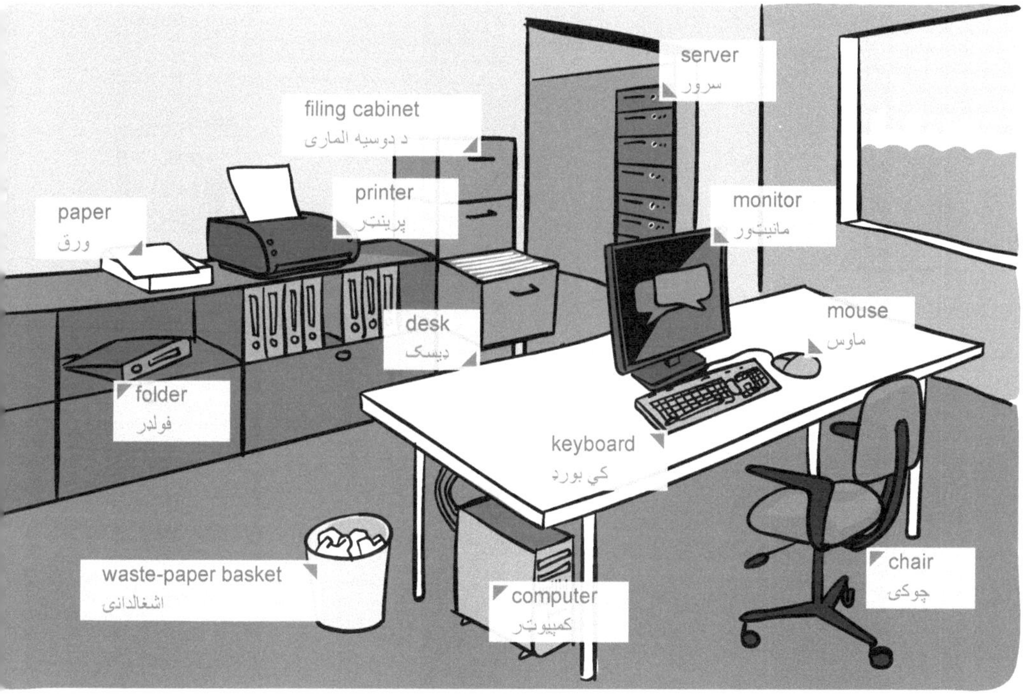

server

سرور

filing cabinet

د دوسيه الماري

printer

پرينتر

paper

ورق

monitor

مانيټور

mouse

ماوس

desk

ډيسک

folder

فولدر

keyboard

کي بورډ

chair

چوکي

waste-paper basket

اشغالداني

computer

کمپيوټر

coffee mug

د کافي پياله

calculator

کالکولیټر

internet

انټرنيټ

laptop

لیپ ٹاپ

letter

لیک

message

پیغام

cell phone

موبایل

network

نیٹورک

photocopier

فوٹوکاپیر

software

سافٹویر

telephone

ٹیلیفون

plug socket

پلگ ساکٹ

fax machine

فکس مشین

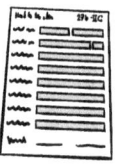

form

فارم

document

سند

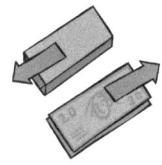

buy

بيرل

pay

ناديه كول

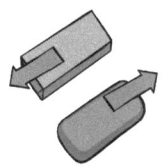

trade

سوداكري كول

money

پيسى

dollar

ډالر

euro

يورو

yen

ين

rouble

رېبل

Swiss franc

سويسي فرانک

renminbi yuan

رينمينبي يوان

rupee

روپئ

cash point

د نغدي پيسو ځای

currency exchange office

د اسعارو د تبادلي دفتر

gold

سره زر

silver

سپین زر

oil

تیل

energy

انرژي

price

نرخ

contract

قرارداد

tax

مالیه

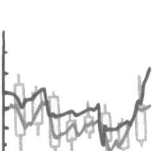

stock

اسهام

work

کار کول

employee

کارمند

employer

کار ګومارونکی

factory

فابریکه

shop

پلورنځی

occupations
مسلکونه

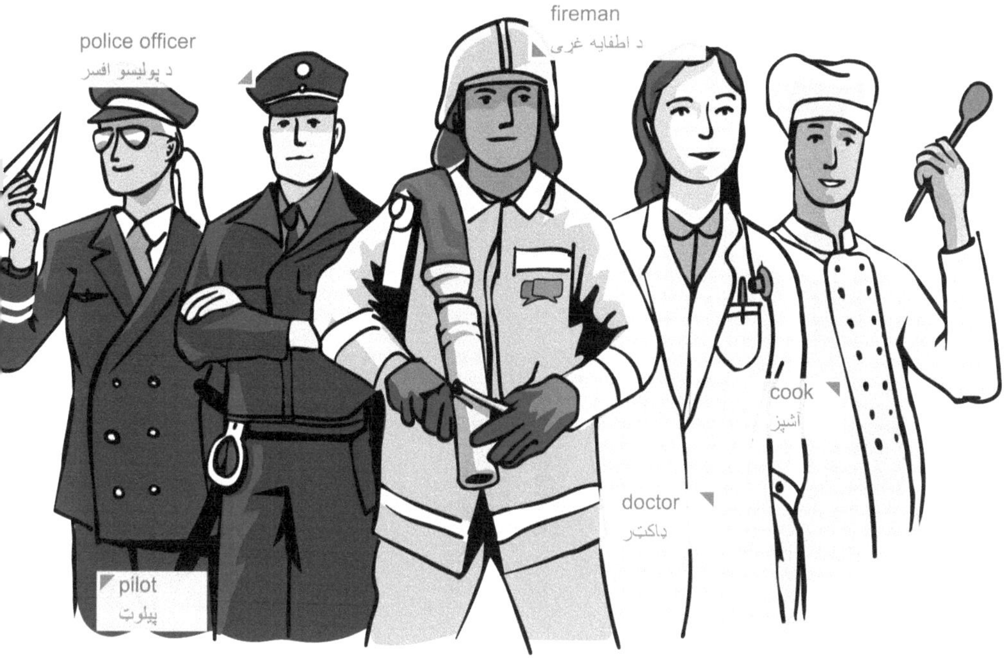

police officer
د پولیسو افسر
fireman
د اطفایه غړی
cook
آشپز
doctor
ډاکټر
pilot
پیلوټ

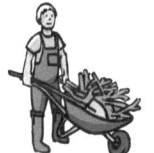

gardener
باغوان

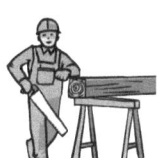

carpenter
نجار

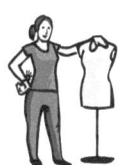

seamstress
خیاط

judge
قاضي

chemist
کیمیا پوه

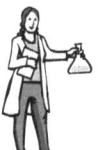

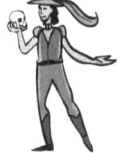

actor
د فلم لوبغاړی

bus driver

د بس ډرایور

taxi driver

د ټیکسي ډرایور

fisherman

کب نیونکی

cleaning lady

خدمه

roofer

بام جوړونکی

waiter

پیشخدمت

hunter

ښکاري

painter

نقاش

baker

نانوا

electrician

د برېښنا کارکونکی

builder

تعمیر جوړونکی

engineer

انجنیر

butcher

قصاب

plumber

نلدوان

postman

پوست رسونکی

soldier

سرتیری

architect

مهندس

cashier

صراف

florist

مالیار

hairdresser

نایی

conductor

کلیندر

mechanic

میکانیک

captain

کپتان

dentist

د غاښونو ډاکټر

scientist

ساینس پوه

rabbi

ښاغلی

imam

امام

monk

مذهبي نفر

pastor

پادري

tools

لوازم

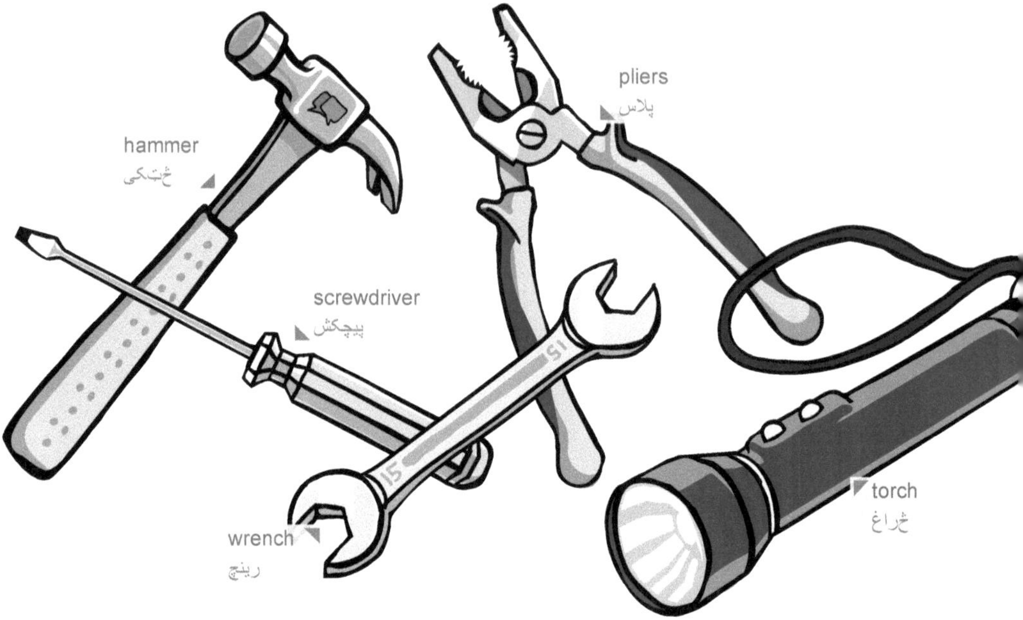
hammer
څټکی
pliers
پلاس
screwdriver
پیچکش
torch
څراغ
wrench
رینچ

excavator

کنستونکی

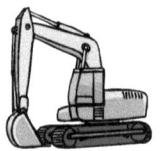

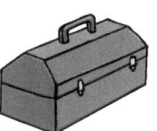

toolbox

د لوازمو بکس

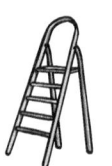

ladder

زینه

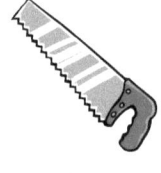

saw

اره

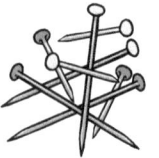

nails

میخونه

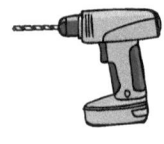

drill

برمه

repair

ترمیم کول

shovel

بیل

Damn!

لعنت!

dustpan

خاک انداز

paint can

مشوانزی

screws

پیچونه

musical instruments

د میوزیک آلات

loud speaker

لاود سپیکر

drum set

درم سیټ

double bass

کنترباس

trumpet

ترومپیټ

guitar

ګیتار

piano

پیانو

violin

وایلن

bass

باس

timpani

نغاره

drums

درمونه

keyboard

کي بورد

saxophone

سیکسافون

flute

شپیلی

microphone

مایکروفون

tiger
پړانګ

cage
پنجره

zebra
ګوره خر

animal feed
د ژويو خواړه

entrance
ننوتو لاره

panda
پاندا

animals

ژوی

elephant

هاتي

kangaroo

کنګرو

rhino

د اوبو اسپ

gorilla

ګوریلا

bear

ايريه

camel

اوښ

ostrich

شترمرغ

lion

زمرى

monkey

بيزو

flamingo

غزى

parrot

طوطي

polar bear

قطبي ايږه

penguin

پينکوين

shark

شارک

peacock

طاوس

snake

مار

crocodile

تمساح

zookeeper

ژوبڼ ساتونکی

seal

سيل

jaguar

جګوار

pony

يابو

leopard

پړانګ

hippo

هيپو

giraffe

زرافه

eagle

باز

boar

نرخوک

fish

كب

turtle

شمشتى

walrus

سمندري نولى

fox

كيدړه

gazelle

هوسۍ

American football
امریکایی فټبال

cycling
سایکل چلول

tennis
ټېنیس

basketball
باسکیټبال

swimming
لامبو

boxing
باکسینګ

ice hockey
د کنګل هاکي

soccer

فټبال

badminton

کمیزه

athletics

د خپغاستي لوبي

handball

د هندبال

skiing

سکي

polo

پولو

laugh
خندل

jump
ټوپ وهل

hug
غاړه ورکول

walk
کرخیدل

sing
سندری ویل

dream
خوب لیدل

pray
عبادت کول

kiss
مچو کول

write

لیکل

draw

کښل

show

ښودل

push

تیله کول

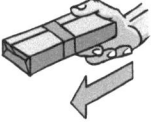

give

ورکول

take

اخیستل

have

درلودل

do

کول

be

پاییدل

stand

ودریدل

run

منډی وهل

pull

راکښل

throw

ګوزارل

fall

لویدل

lie

څملاستل

wait

انتظار کول

carry

وړل

sit

کښېناستل

get dressed

پوښاک اغوستل

sleep

ویده کیدل

wake up

پاڅیدل

look at

كتل

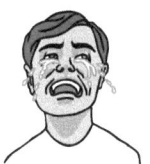

cry

ژړل

stroke

ګریدګول

comb

کمڅخ کول

talk

خبری کول

understand

پوهیدل

ask

غوښتل

listen

اوریدل

drink

څښل

eat

خورل

tidy up

پاکول

love

مینه کول

cook

پخلی کول

drive

موتر چلول

fly

الوتل

sail

بیری چلول

calculate

حساب

read

لوستل

learn

زده کول

work

کار کول

marry

واده کول

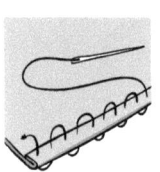

sew

ګنډل

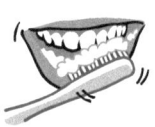

brush teeth

د غاښونو برس کول

kill

وژل

smoke

سګرټ څښل

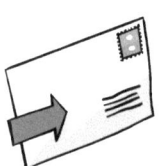

send

لیږل

family
کورنی

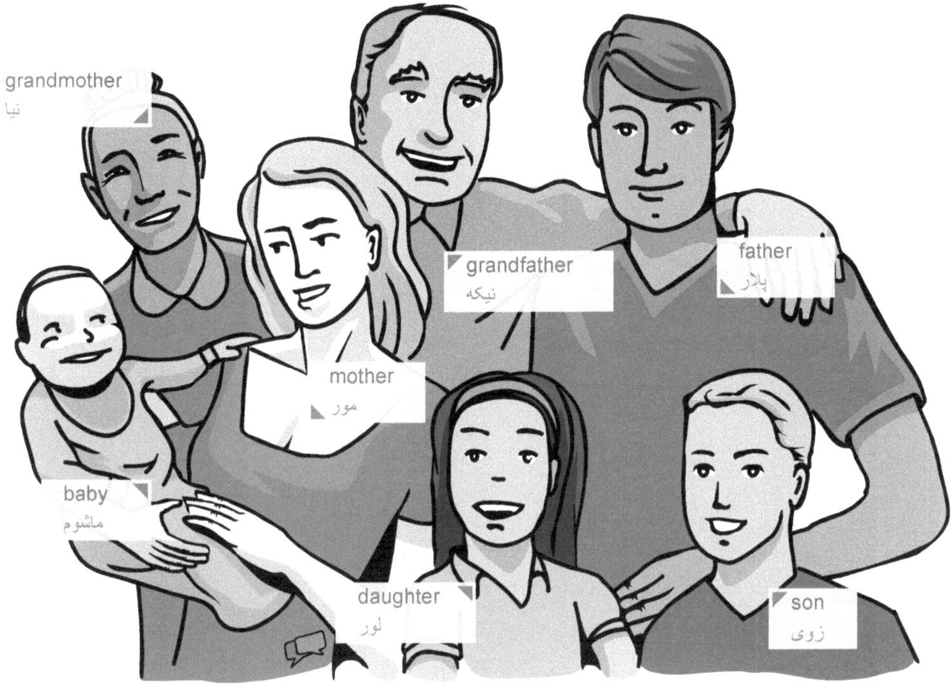
grandmother
نیا
grandfather
نیکه
father
پلار
mother
مور
baby
ماشوم
daughter
لور
son
زوی

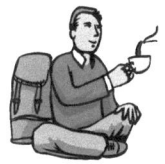

guest
میلمه

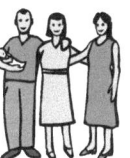

aunt
ترور

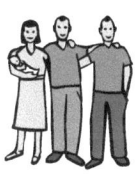

uncle
کاکا/ماما

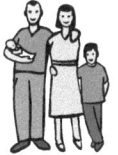

brother
ورور

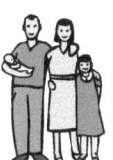

sister
خور

body

بدن

forehead
تندی
eye
سترګې
shoulder
اوږه
finger
ګوته
face
مخ
chin
زنه
hand
لاس
breast
سینه
leg
پښه
arm
مټ

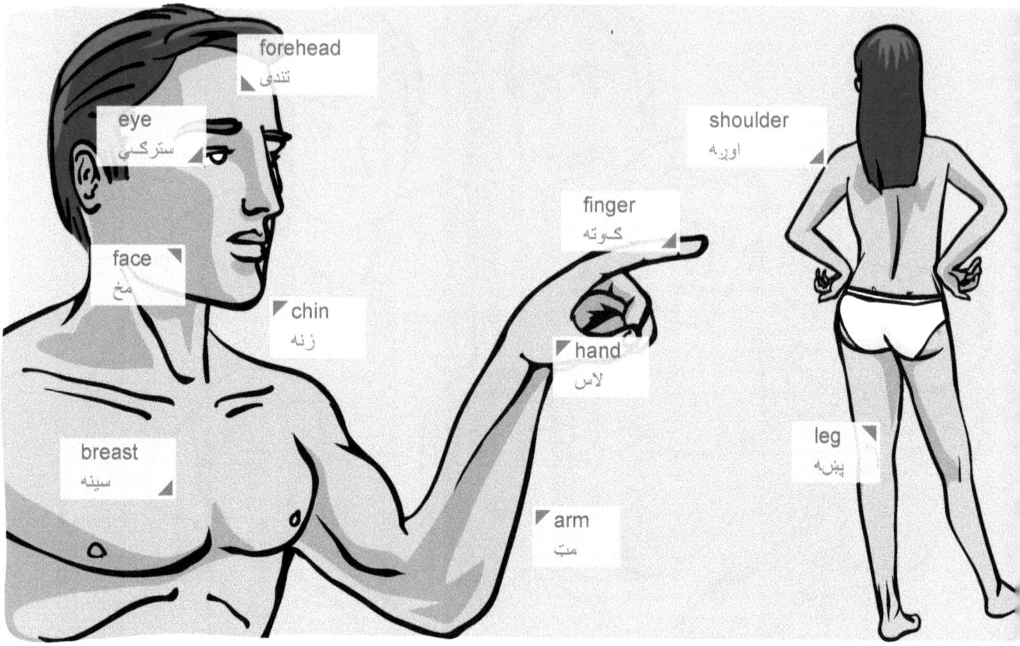

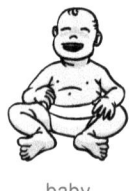

baby

ماشوم

man

سړی

woman

ښځه

girl

انجلۍ

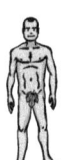

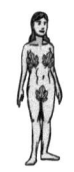

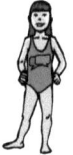

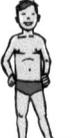

boy

هلک

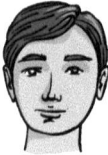

head

سر

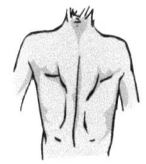

back

شا

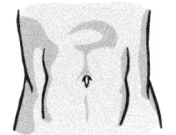

belly

خیټه

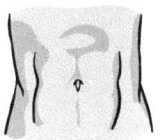

navel

نوم

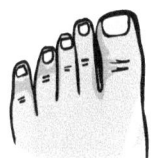

toe

د پښې ګوته

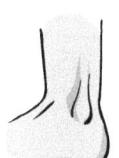

heel

پوندہ

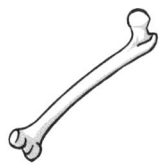

bone

هډوکی

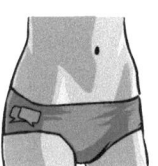

hip

کوناتی

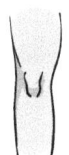

knee

زنګون

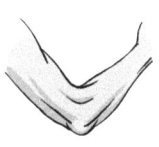

elbow

څنګل

nose

پوزه

buttocks

لاندی برخه

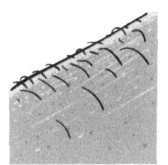

skin

پوټکی

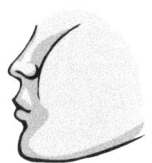

cheek

غومبوری

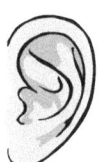

ear

غوږ

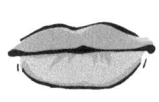

lip

شونډہ

mouth

خوله

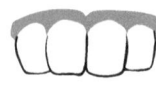

tooth

غاښ

tongue

ژبه

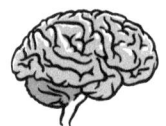

brain

مغز

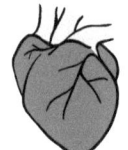

heart

زړه

muscle

عضله

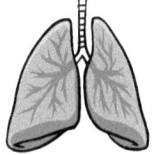

lung

سږی

liver

ځیګر

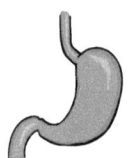

stomach

معده

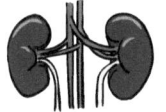

kidneys

پښتورګي

sex

جنسي نژدی والی

condom

کاندوم

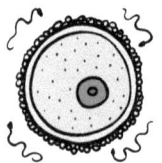

ovum

تخمه

semen

منی

pregnancy

حمل

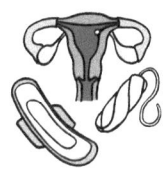

menstruation

حیض

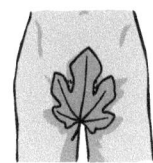

vagina

مهبل

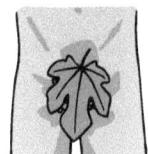

penis

د نارينه تناسلي اله

eyebrow

وروځی

hair

ويښته

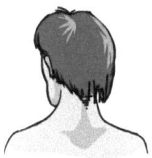

neck

غاړه

hospital
روغتون

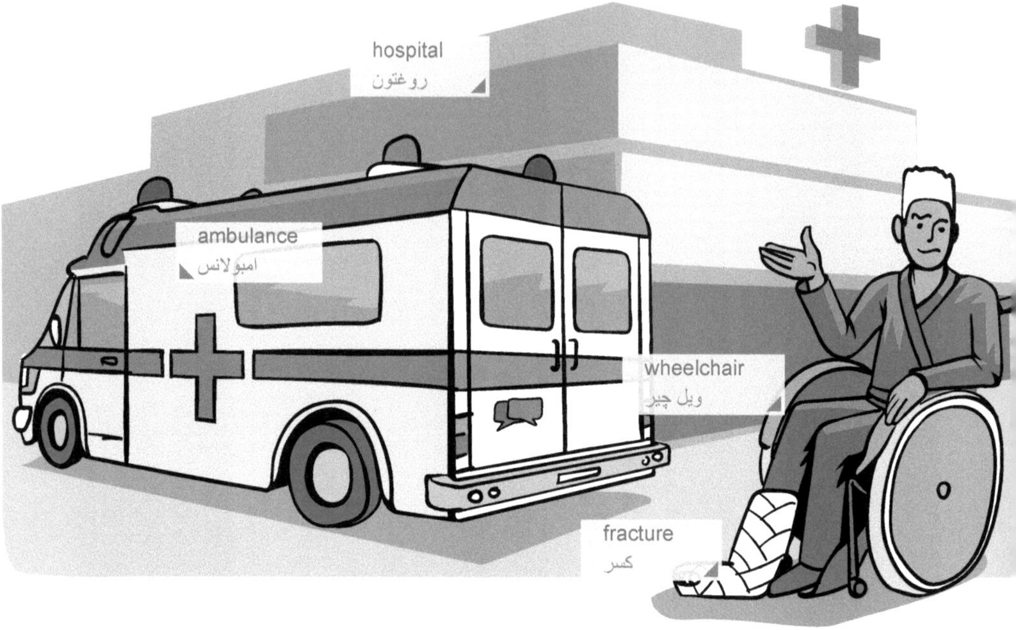

hospital
روغتون
ambulance
امبولانس
wheelchair
ویل چیر
fracture
کسر

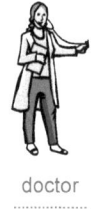

doctor

ډاکټر

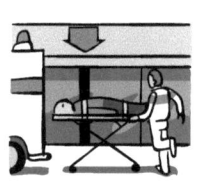

emergency room

عاجل خونه

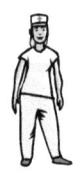

nurse

رنځورپال

emergency

عاجل

unconscious

بې هوش

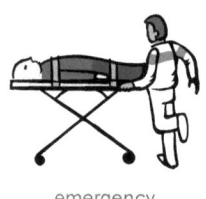

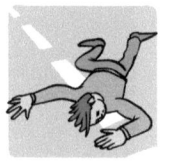

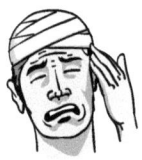

pain

درد

injury

تپ

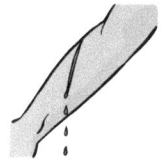

bleeding

وینه توېدل

heart attack

د زړه حمله

stroke

ضرب

allergy

حساسیت

cough

ټوخی

fever

تبه

flu

انفلوینزا

diarrhea

نس ناستی

headache

سر درد

cancer

سرطان

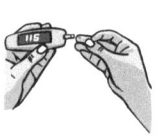

diabetes

شکر

surgeon

جراح

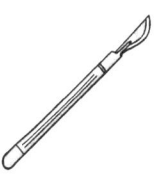

scalpel

سکالپل

operation

عملیات

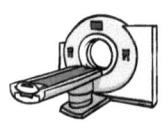

CT

سيىتنى

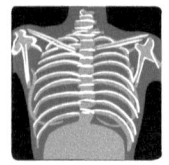

x-ray

ايكس رى

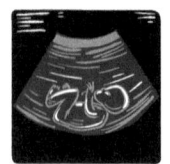

ultrasound

التراساوند

face mask

د مخ ماسک

disease

ناروغي

waiting room

انتظار خونه

crutch

امسا

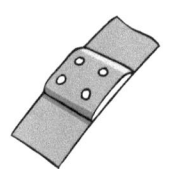

plaster

پلستر

bandage

بنداژ

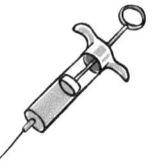

injection

تزريق

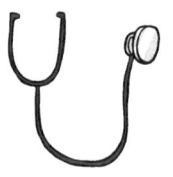

stethoscope

ستاتسكوپ

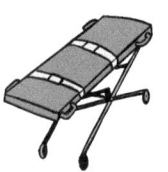

stretcher

تسكيره

clinical thermometer

كلينكي ترماميتر

birth

زبرون

overweight

زيات وزن

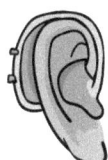

hearing aid

د اوریدو مرسته

disinfectant

د عفونیت څخه پاکونکي مواد

infection

عفونیت

virus

ویروس

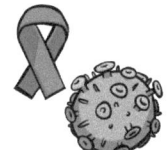

HIV / AIDS

ایچ.ای.وی/ایدز

medicine

درمل

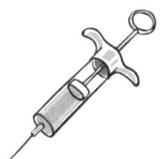

vaccination

واکسین

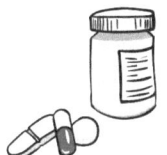

tablets

ټابلیټس

pill

ګولۍ

emergency call

عاجل تلیفون

blood pressure monitor

د وینې د فشار څارونکی

ill / healthy

ناروغ/روغ

Help!

مرستە!

alarm

الارم

assault

يرغل

attack

بريد

danger

خطر

emergency exit

عاجل لاره

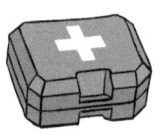

Fire!

اور!

fire extinguisher

د اور وژونكى

accident

پيښه

first-aid kit

د لومړى مرستى لوازم

SOS

ايس.او.ايس

police

پوليس

Europe

اروپا

North America

شمالي امريکا

South America

سهيلي امريکا

Africa

افريقا

Asia

أسيا

Australia

استرليا

Atlantic

اتلانتيک

Pacific

پاسيفيک

Indian Ocean

د هند بحر

Antarctic Ocean

جنوبي منحمد بحر

Arctic Ocean

د شمال قطب بحر

North pole

شمالي قطب

South pole

سهيلي قطب

Antarctica

انتارکتیکا

earth

خمکه

land

خمکه

sea

بحر

island

ټاپو

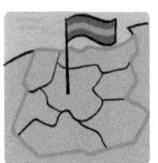

nation

ملت

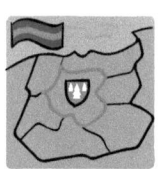

state

دولت

clock face

د مخی ساعت

hour hand

د ساعت ستنه

minute hand

د دقیقی ستنه

second hand

د ثانیی ستنه

What time is it?

څه وخت دی؟

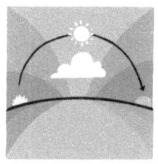

day

ورځ

time

وخت

now

اوس

digital watch

ديجيتل ساعت

minute

دقيقه

hour

ساعت

week

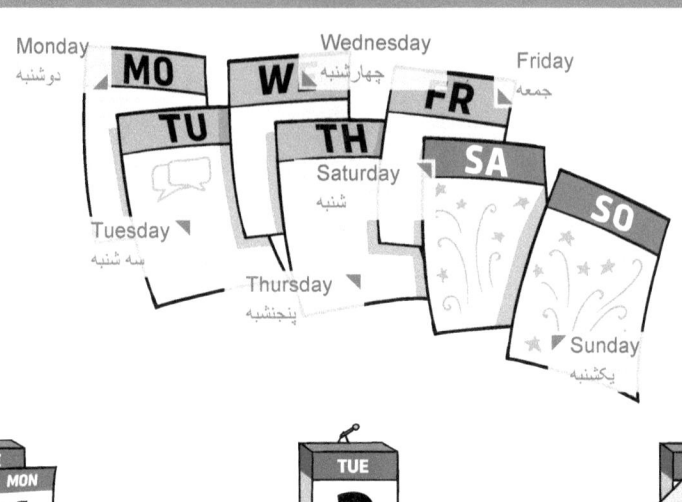

Monday
دوشنبه

Tuesday
سه شنبه

Wednesday
چهارشنبه

Thursday
پنجشنبه

Friday
جمعه

Saturday
شنبه

Sunday
یکشنبه

yesterday

پرون

today

نن

tomorrow

سبا

morning

سهار

noon

غرمه

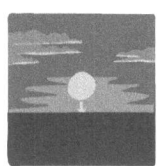

evening

ماښام

MO	TU	WE	TH	FR	SA	SU
1	2	3	4	5	6	7
8	9	10	11	12	13	14
15	16	17	18	19	20	21
22	23	24	25	26	27	28
29	30	31	1	2	3	4

workdays

کاري ورځي

MO	TU	WE	TH	FR	SA	SU
1	2	3	4	5	6	7
8	9	10	11	12	13	14
15	16	17	18	19	20	21
22	23	24	25	26	27	28
29	30	31	1	2	3	4

weekend

د اونۍ پای

rain
باران

spring
پسرلی

summer
اوړی

wind
باد

snow
واوره

fall
منۍ

winter
ژمی

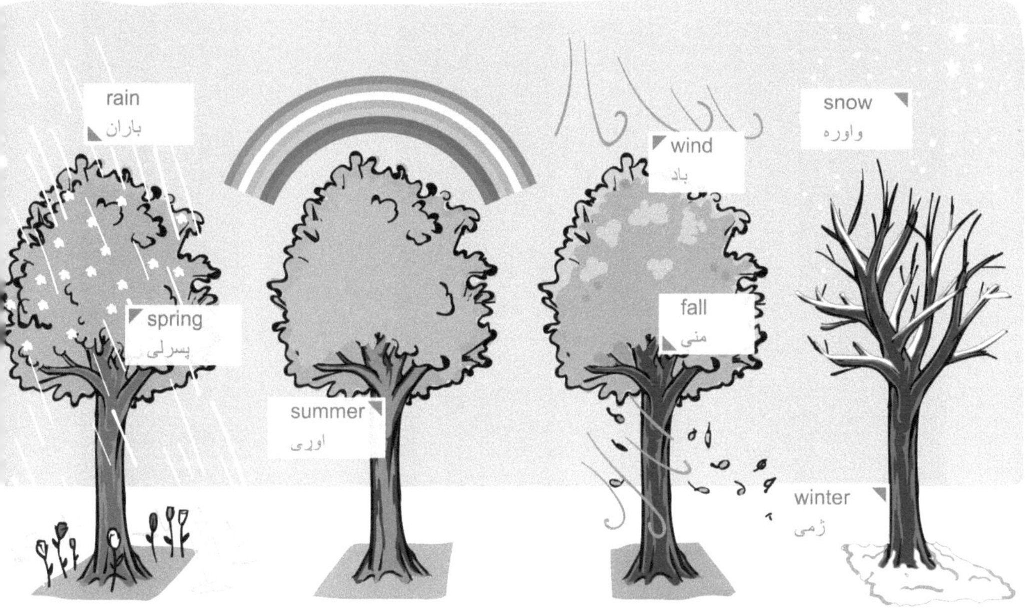

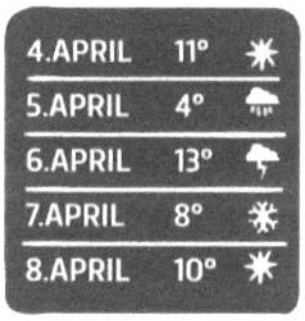

weather forecast

د موسم وړاندوینه

thermometer

ترمومیټر

sunshine

د لمر وړانګی

cloud

وریخ

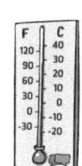

fog

لړه

humidity

رطوبت

lightning

رڼا

thunder

تندر

storm

توفان

hail

ږلۍ وریدل

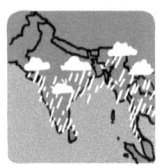

monsoon

مون سون باران

flood

سیلاب

ice

یخ

January

جنوري

February

فبروري

March

مارچ

April

اپربل

May

مي

June

جون

July

جولای

August

اګست

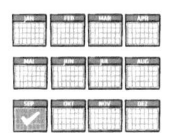

September

سپتمبر

October

اکتوبر

November

نومبر

December

دسمبر

shapes

شکلونه

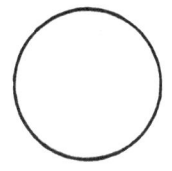

circle

دايره

square

مربع

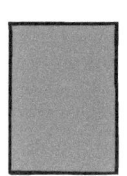

rectangle

مستطيل

triangle

مثلث

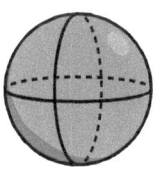

sphere

توپ

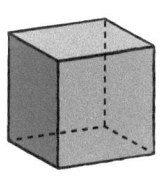

cube

فال

white

سپين

yellow

ژير

orange

نارنجي

pink

کلابي

red

سور

purple

ارغواني

blue

نيلي

green

شين

brown

نسواري

gray

خړ

black

تور

a lot / a little

خورا ډير/خورا لږ

angry / calm

قار/ارام

beautiful / ugly

ښکلی/بدشکله

beginning / end

پیل/پای

big / small

لوی/کوچنی

bright / dark

روښانه/تیاره

brother / sister

ورور/خور

clean / dirty

پاک/ککر

complete / incomplete

مکمل/ناسمکمل

day / night

ورځ/شپه

dead / alive

مرلاړ/ژوندی

wide / narrow

پراخه/تنری

edible / inedible

د خوراک وړ/نه خوړل کیدونکی

evil / kind

بد/مهربان

excited / bored

پاریدلی/بی خونده

fat / thin

چاق/وچ

first / last

لومړی/وروستی

friend / enemy

ملگری/دښمن

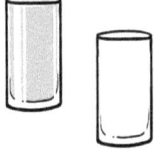

full / empty

ډک/تش

hard / soft

سخت/نرم

heavy / light

دروند/سپک

hunger / thirst

لوږه/تنده

ill / healthy

ناروغ/روغ

illegal / legal

غیرقانونی/قانونی

intelligent / stupid

هوښیار/ساده

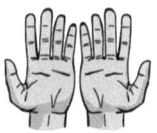

left / right

کیڼ/ښی

near / far

نږدې/لرې

new / used

نویازروز

nothing / something

هیخ/یوخه

old / young

بیا/خوان

on / off

چالا د/بند

open / closed

خلاص/تړلی

quiet / loud

غلیا/لوړ غږ

rich / poor

بدایه/عریب

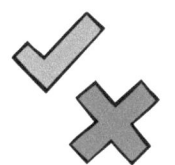

right / wrong

صحیح/غلط

rough / smooth

زیر/ملایم

sad / happy

خفه/خوښ

short / long

لنډ/اوږد

slow / fast

سست/ګرندی

wet / dry

لوند/وچ

warm / cool

ګرم/یخ

war / peace

جګړه/سوله

0

zero

صفر

1

one

یو

2

دوه

two

3

three

دری

4

four

څلور

5

five

پنځه

6

six

شپږ

7

seven

اوه

8

eight

اته

9

nine

نهه

10

ten

لس

11

eleven

یولس

12

twelve

 دولس

13

thirteen

ديارلس

14

fourteen

څوارلس

15

fifteen

پنځلس

16

sixteen

شپاړس

17

seventeen

ووولس

18

eighteen

اتلس

19

nineteen

نولس

20

twenty

شل

100

hundred

سل

1.000

thousand

زر

1.000.000

million

ميليون

English
....
انکلسي

American English
....
امريکايي انکلسي

Chinese Mandarin
....
چينايي مندرين

Hindi
....
هندي

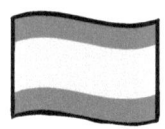

Spanish
....
هسپانوي

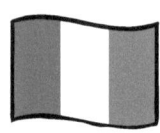

French
....
فرانسوي

Arabic
....
عربي

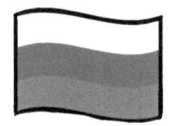

Russian
....
روسي

Portuguese
....
پرتګالي

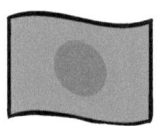

Bengali
....
بنګالي

German
....
الماني

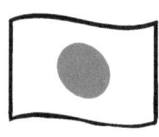

Japanese
....
جاپاني

I

زه

you

ته

he / she / it

هغه/دغه/دا

we

موږ

you

تاسی

they

دوی/هغوی

who?

څوک؟

what?

څه؟

how?

څنګه؟

where?

چیری؟

when?

کله؟

name

نوم

چیری

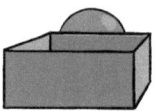

behind

ﺷﺎﺗﻪ

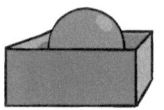

in

ﭘﻪ

in front of

ﭘﻪ ﻣﺨﻪ ﮐﯽ

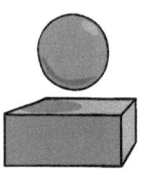

over

ﺑﺎﻧﺪﯼ

on

ﭘﻪ

under

ﻻﻧﺪﯼ

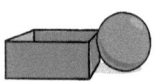

beside

ﺑﺮﺳﯿﺮﻩ ﭘﺮ

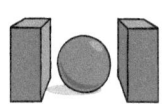

between

ﺗﺮﻣﯿﻨﺦ

place

ﺣﺎﯼ